BEI GRIN MACHT SICH IHR WISSEN BEZAHLT

- Wir veröffentlichen Ihre Hausarbeit,
  Bachelor- und Masterarbeit

- Ihr eigenes eBook und Buch -
  weltweit in allen wichtigen Shops

- Verdienen Sie an jedem Verkauf

Jetzt bei www.GRIN.com hochladen und kostenlos publizieren

Tonia Bernhardt

Zeitgenössische Reaktionen und Dokumente zum „Wertherfieber"

Eine Ausarbeitung

GRIN Verlag

Bibliografische Information der Deutschen Nationalbibliothek:

Die Deutsche Bibliothek verzeichnet diese Publikation in der Deutschen National-
bibliografie; detaillierte bibliografische Daten sind im Internet über http://dnb.d-
nb.de/ abrufbar.

Dieses Werk sowie alle darin enthaltenen einzelnen Beiträge und Abbildungen
sind urheberrechtlich geschützt. Jede Verwertung, die nicht ausdrücklich vom
Urheberrechtsschutz zugelassen ist, bedarf der vorherigen Zustimmung des Verla-
ges. Das gilt insbesondere für Vervielfältigungen, Bearbeitungen, Übersetzungen,
Mikroverfilmungen, Auswertungen durch Datenbanken und für die Einspeicherung
und Verarbeitung in elektronische Systeme. Alle Rechte, auch die des auszugsweisen
Nachdrucks, der fotomechanischen Wiedergabe (einschließlich Mikrokopie) sowie
der Auswertung durch Datenbanken oder ähnliche Einrichtungen, vorbehalten.

Impressum:

Copyright © 2008 GRIN Verlag GmbH
Druck und Bindung: Books on Demand GmbH, Norderstedt Germany
ISBN: 978-3-640-14767-0

Dieses Buch bei GRIN:

http://www.grin.com/de/e-book/111910/zeitgenoessische-reaktionen-und-dokumen-
te-zum-wertherfieber

GRIN - Your knowledge has value

Der GRIN Verlag publiziert seit 1998 wissenschaftliche Arbeiten von Studenten, Hochschullehrern und anderen Akademikern als eBook und gedrucktes Buch. Die Verlagswebsite www.grin.com ist die ideale Plattform zur Veröffentlichung von Hausarbeiten, Abschlussarbeiten, wissenschaftlichen Aufsätzen, Dissertationen und Fachbüchern.

Besuchen Sie uns im Internet:

http://www.grin.com/

http://www.facebook.com/grincom

http://www.twitter.com/grin_com

Zeitgenössische Reaktionen und Dokumente zum „Wertherfieber"

Ausarbeitung der Veranstaltung „Rhetorik und Stilistik"
am 10. Juni 2008

Universität Siegen
Sommersemester 2008

Eingereicht von:

Tonia Simone Bernhardt

Hauptfach: Literary, Cultural & Media Studies
Nebenfach: Social Science

Marburg, den Juni 2008

I Inhaltsverzeichnis

II   Vorwort

Die Reaktionen waren energisch und vielseitig, denn der „Werther" provozierte die Gesellschaft. Werther forderte das Recht auf Liebe und diese stand für ihn auch über Leben und Tod.

Diese Hausarbeit ist eine Ausarbeitung des Referats und der Ergebnisse im Seminar „Rhetorik und Literatur" vom 10. Juni 2008 bei Frau Dr. Hedwig Pompe im Sommersemester 2008 an der Universität in Siegen.
In dieser Hausarbeit möchte ich zeigen, warum „Werther" sowohl von vielen geliebt, als auch gehasst und warum er zum Schlüsseltext seiner Zeit und für die Medienwirkung wurde.
Es macht, aus meiner Sicht, Sinn, den „Werther" aus Goethes Erlebniswelt anzugehen, um Denkweisen und Geschehnisse besser analysieren zu können. Deshalb werde ich im ersten Teil dieser Hausarbeit auf den biografischen Hintergrund eingehen und Vergleiche zwischen der Figur Werther und Goethe als Person heranziehen. Außerdem versuche ich, die damaligen Bewegungen darzustellen.
Im zweiten Teil zeige ich die vielfältigen Verhaltensweisen des Publikums. Von dort aus führe ich dann zum sogenannten „Werther-Fieber" hin und den daraus resultierenden Problematiken und die Reaktionen von Goethes Zeitgenossen und auch der Kirche.

Was also brachte Menschen in ähnlicher Situation wie Werther dazu, in ihm Erbauung und Trost zu finden oder gar sich umzubringen?
Bereits der Herausgeber warnt zu Beginn des Buches indirekt:

> *„Was ich von der Geschichte des armen Werther nur habe auffinden können,*
> *habe ich mit Fleiß gesammelt, und lege es euch hier vor,*
> *und weiß, daß ihr mir's danken werdet.*
> *Ihr könnt seinem Geist und seinem Charakter*
> *eure Bewunderung und Liebe und seinem Schicksale*
> *eure Tränen nicht versagen.*
> *Und du, gute Seele, die du eben den Drang fühlst wie er,*
> *schöpfe Trost aus seinem Leiden, und laß das Büchlein deinen Freund sein,*
> *wenn du aus Geschick oder eigener Schuld keinen nähern finden kannst!"*

III Autobiografischer Kontext

1 Parallelfiguren

> *„Dass alle Symptome dieser wunderlichen,*
> *so natürlichen als unnatürlichen Krankheit*
> *auch einmal mein Innerstes durchrast haben,*
> *daran lässt Werther wohl niemanden zweifeln.*
> *Ich weiß noch recht gut,*
> *was es mich damals für Anstrengungen kostete,*
> *den Wellen des Todes zu entkommen.“*[1]

Die Gedanken und Hintergründe des Protagonisten in „Die Leiden des jungen Werther" sind zum Großteil in Goethes Biografie, zwischen den Jahren 1771 und 1774, und seiner privaten Umgebung wiederzufinden.

Goethe promovierte 1771 und begann im Mai 1772 am Reichskammergericht in Wetzlar ein Praktikum, wo er den pfälzischen Sekretär Karl Wilhelm Jerusalem kennenlernte und mit diesem am 9. Juni auf einen Ball im Jägerhaus (heute: Goethehaus) in Volpertshausen ging. Dort verliebte sich Goethe in Charlotte Buff, die Tochter des Amtsmann, die mit ihrem Verlobten, dem hannoverschen Gesandtschaftssekretär, Johann Christian Kestner auch dort war. Goethe freundete sich mit Kestner an und war sowohl von Charlottes offener Art als auch von ihrer äußeren Erscheinung angetan. Im „Werther" schrieb er, er habe den ganzen Abend mit ihr getanzt. Anders aber, als im „Werther" fand in Wirklichkeit die als bedeutend beschriebene Szene am Tag darauf erst statt. Nicht auf dem Ball, sondern erst auf dem Deutschordenshof teilte Lotte für ihre Geschwister das Brot. Goethe war angetan von ihrem Temperament und ihrer Heiterkeit und verstand sich auch bald mit ihren Geschwistern sehr gut und auch, nachdem Kestner von seiner Reise zurück war, besuchte Goethe Charlotte und Kestner immer wieder in ihrem Haus. Er behauptet im „Werther" sogar, dass er Albert nach Lotten das Liebste auf der Welt gewesen sei. Doch die verzweifelte und unerwiderte Liebe zu Lotte veranlasst Goethe dazu, Wetzlar zu verlassen, um wieder zurück nach Frankfurt zu gehen.

---

[1] Goethe. Brief an Carl Friedrich Zelter, 1815. → WWW-Link: ceryx.de (Stand: 2008-06-12)

In Ehrenbreitstein besuchte er die Schriftstellerin Sophie von La Roche, zu deren sechzehnjährigen Tochter Maximiliane er eine spontane Neigung fasste.

Am 30. Oktober 1772 erschießt sich Carl Wilhelm Jerusalem in Wetzlar mit einer von Kestner entliehenen Pistole.
Motiv dieses Selbstmords, war die unglückliche Liebe zu einer verheirateten Frau.
Nach dem Freitod von Jerusalem kehrt Goethe vom 6. bis 10. November 1772 noch einmal für kurze Zeit nach Wetzlar zurück.
Nach der Niederschrift des „Werther" heiratet Maximiliane den Kaufmann Peter Anton Brentano und zog mit ihm Anfang 1774 nach Frankfurt. Goethe umschwärmt auch diese verheiratete Frau so sehr, dass es zu heftigen Auseinandersetzungen mit ihrem Ehemann kam. Sie findet allerdings weniger als Inspiration in den Text, als durch ihre „schwarzen Augen". Charlotte Buff hatte blaue Augen.

2   Fiktionaler Text oder Wahrheit

Im 18. Jahrhundert war ein Verlangen nach Authentizität zu spüren, welches die Fiktion in Briefform hervorbrachte. Andere wichtige Vertreter dieser Gattung sind die „Portugiesischen Briefe" von Claude Barbin (1669), „La Religieuse" von Denis Diderot (ca. 1780) und „Gefährliche Liebschaften" von Pierre-Ambroise-François Choderlos de Laclos.
Für den Leser wird in den genannten Stücken eine Nähe zu scheinbar echten Gefühlen möglich. Und besonders beim „Werther" wird dies verstärkt durch den biografischen Hintergrund. Der Roman erlangt eine neue, stärkere Intensität. Er lehnt sich gegen eine vernunftorientierte Lebensweise und Selbstreflexion, Selbstbezüglichkeit und der Zwang zur Rechtfertigung werden zu den Basiselementen des Romans. Die Intensität des gelebten Romans scheint das Konzept der Empfindsamkeit zu sein.
Die Empfindsamkeit ist eine Tendenz im Verlauf der europäischen Aufklärung und hängt mit dem Ende des französischen Rationalismus zusammen.
Im „Werther" verbindet sich echte Geschichte mit konstruierter Fiktionalität, der sogenannten Herausgeberfiktion. Hier gibt sich zum Beispiel der Herausgeber im

Vorwort als Sammler von Wahrheiten aus der „Geschichte des armen Werthers"[2] und später stößt er noch mal in die Geschichte als Erklärer und Kommentator:

Wie sehr wünscht' ich, daß uns von den letzten merkwürdigen Tagen unsers Freundes so viel eigenhändige Zeugnisse übrig geblieben wären, daß ich nicht nöthig hätte, die Folge seiner hinterlass'nen Briefe durch Erzählung zu unterbrechen.

Ich habe mir angelegen seyn lassen, genaue Nachrichten aus dem Munde derer zu sammeln, die von seiner Geschichte wohl unterrichtet seyn konnten; sie ist einfach, und es kommen alle Erzählungen davon bis auf wenige Kleinigkeiten mit einander überein; nur über die Sinnesarten der handelnden Personen sind die Meinungen verschieden, und die Urtheile getheilt.[3]

Karl Wilhelm Jerusalems Leben und sein Selbstmord wurden zum Begriff für einige Bewegungen der Aufklärung und Empfindsamkeit im damaligen Deutschland. Und auch lernte so die Aufklärung ihre eigenen Grenzen kennen.

2.1 Fragen und Antworten im Seminar

Im Seminar stellte man sich die Frage: *Wieso braucht man für einen fiktionalen Text einen biografischen Hintergrund?*

Aus beschreibenden Antworten wie „Von Köln aus kann man nicht über Haiti schreiben" oder „Man muss etwas erlebt haben, um darüber schreiben zu können" kam man auf die weiterführende Frage, was Wahrheit und Fiktion überhaupt sind? Nur ein logisches Konstrukt? Wobei die Fiktion auf Konstruktion angewiesen scheint. Oder ist Fiktion an Wirklichkeit gebunden?

Ich denke, hierbei muss man zwischen emotionalem und fiktionalem Schreiben unterscheiden. Dennoch kann man keine klaren Grenzen ziehen, denn selbst in einem Fantasytext, der vermeintlich rein fiktional sein sollte, bezieht sich immer ein Teil auf emotional geprägte oder reale Begebenheiten.

---

[2] Goethe. Werther. Seite 3.
[3] Ebenda. Seite 144.

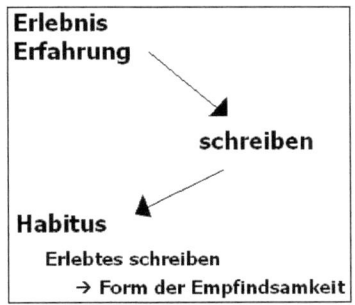

Abb.: Eigenes Schaubild – vom Tafelbild abgeleitet

An dieser Stelle seien auch die Begriffe „Mimesis" und „Poiesis" genannt. Mimesis steht für die Künste, die mit verschiedenen Mitteln die Wirklichkeit nachahmen, wobei die Poiesis darauf ausgerichtet ist, etwas zu produzieren, zu errichten oder mögliche Werte hervor zu bringen.

IV Zeitgenössische Reaktionen

3 Thematik und Problematik des Romans

„Die Leiden des jungen Werther" sorgte sowohl bei Befürwortern als auch bei Kritikern zum Teil für sehr starke emotionale Reaktionen. Denn der Werther widerspricht allen bürgerlichen Normen.

> „Das bürgerliche Publikum sah Werther als Störer des Ehefriedens, als Rebell und Freigeist an – ein völliger Widerspruch zu ihren eigenen moralischen Vorstellungen."[4]

Das Publikum suchte in diesem Roman nach etwas greifbarem und etwas nützlichem im Geschehen, fand aber weder das eine, noch das andere. Sie brauchten einen Protagonisten, mit dem sie sich identifizieren und aus dessen Handeln sie ihren Nutzen ziehen konnte. Jedoch endete der Roman mit dem Suizid, der gegen ihre Normen war.

Das Verlangen seines Publikums nach Authentizität brachte eine kaum vorstellbare Resonanz zutage.

In „Dichtung und Wahrheit" sagt Goethe über Werther, dass ihm bei seiner Arbeit bereits bewusst war, wie sehr ein Künstler begünstigt gewesen sein muss, wenn man ihm die Gelegenheit gab, „eine Venus aus mehreren Schönheiten herauszustudieren"[5].

So nahm auch er sich die Erlaubnis, aus

> „der Gestalt und den Eigenschaften mehrerer hübscher Kinder meine Lotte zu bilden [..] diese mehreren Lotten aber brachten mir unendliche Qual, weil jedermann, der mich nur ansah, entschieden zu wissen verlangte, wo denn die eigentliche wohnhaft sei."[6]

---

[4] zrk. Wochenend-Anzeiger, 1. Februar 2008
[5] Goethe. *Dichtung und Wahrheit*, 1982.
[6] ebenda

4 Das „Werther-Fieber"

„So verwirrten sich meine Freunde daran, indem sie glaubten
man müsse die Poesie in Wirklichkeit verwandeln [..]
und sich allenfalls selbst erschießen:
und was hier im Anfang unter Wenigen vorging,
ereignete sich nachher im großen Publikum."[7]

Nachdem „Werther" in sehr hohen Auflagen gedruckt und in alle großen Sprachen übersetzt wurde, folgten Nachdichtungen, Satiren, Operetten und Theaterstücke. Der Roman war einer der Auslöser für die sogenannte „Lesesucht". Man sprach vom "Werther-Fieber", das vor allem bei den jugendlichen Lesern ausbrach und das Werther zu einer Kultfigur werden ließ. Lotte und Werther zierten Tee- und Kaffeekannen, Tassen, Schalen und Dosen. Zudem gab es die, aus einer gelbe Hose und Weste und einem blauen Rock bestehenden, Werther-Mode und sogar ein „Eau de Werther".

Die Reaktionen waren energisch und vielseitig und die Folgen waren verheerend. Werther provozierte die Gesellschaft. Die Figur des Werther forderte das Recht auf Liebe und diese stand für ihn auch über Leben und Tod. Eine Suizid-Epidemie brach aus. Über die genaue Zahl der Selbstmorde gibt es keine Angaben.

5 Anhänger der Geniebewegung

In Goethes Text „Von deutscher Baukunst" wird das Genie für gottgleich gehalten und mit dem Schöpfer verglichen. Mit diesem Vergleich wird die Kunst „zum Gegenstand der Religion und das künstlerische Genie zum Ziel religiöser Verehrung"[8]. Aus dem Stand des Genies als Gottgleicher entstand in dieser Zeit eine Denkweise. Man räumte dem Genie eine gewisse Freiheit ein, die er brauchen sollte, um für sich selbst verantwortlich zu sein und seine Ideen zu verwirklichen. In der Sturm und Drang-Zeit lehnten Genies aus diesem Grund die gesellschaftlichen Regeln ab, da sie diese in ihrer Freiheit einschränken würden. Genies brauchten keine Regeln befolgen, nur die Natur durfte „Erzieherin des Genies sein"[9]. So lebten Genies wie

---

[7] Gross. *Ästhetik und Öffentlichkeit*, 1994. Seite 107.
[8] Schmidt. *Die Geschichte des Geniegedankens in der deutschen Literatur*, 1985. Seite 194.
[9] ebenda. Seite 195.

Goethe, Leisewitz und Klinger im Rahmen dieser Bewegung in einer Art Protest gegen die regelbehaftete Welt.

Vielleicht fanden sich auch plötzlich so viele Anhänger, denn Goethe verband im „Werther" eine subjektive Erzählweise mit einer deutlichen Gesellschaftskritik. Er beharrte auf sein Recht auf Sinnlichkeit und Leidenschaft.

Auch der Werther hat einige Gemeinsamkeiten mit dem Geniebild der Sturm und Drang-Zeit. Aber eher passiv. Er spricht lediglich über die gesellschaftlichen Probleme, und insofern er nicht davon eingeschränkt wird und nicht davon betroffen ist, will und kann er nichts daran ändern. Er lehnt die Regeln der Gesellschaft ab und stellt die Empfindsamkeit und Leidenschaft anstelle von Rebellion und Gewalt. Für Werther ist wichtig, „was im Inneren des Herzens geschieht"[10].

6 Reaktionen aus dem Lager der Aufklärer

Werther rief zahlreiche Reaktionen hervor, die vielseitig und zum Teil sehr energisch waren. Der „Werther" provozierte und beeinflusste die Gesellschaft. Es gab einige nachfolgende Romane und Werke, sogenannte Wertheriaden.

6.1 Nicolai über Werther

Christoph Friedrich Nicolai war Kritiker und Verfasser satirischer Romane, Hauptvertreter der Berliner Aufklärung und Freund von Mendelssohn und Lessing. und verfasste unter dem Namen „Die Freuden des Jungen Werthers" eine Parodie. In dessen Inhalt schafft es Werther, Charlotte für sich zu bekommen und wird kinderreicher Landbesitzer. Ein kleiner literarischer Streit brach daraufhin zwischen Nicolai und Goethe aus und Goethe verfasste das Gedicht „Nicolai auf Werthers Grabe" (siehe Anhang, Kapitel VI).

6.2 Mendelsohn über Werther

Moses Mendelssohn war ein deutsch-jüdischer Philosoph und wichtiger Vertreter der jüdischen Aufklärung. Mendelssohn geriet mit dem „Werther" durch die junge Bankier- und Unternehmertochter Sara Grotthuß, für deren Erziehung Mendelssohn als Mentor zuständig war, in Konflikt, die sehr für den jungen Goethe schwärmte. Grotthuß schrieb zwanzig Jahre später an Goethe:

---

[10] Flaschka. *Goethes Werther*, 1987. Seite 139.

„Ich war im 13ten Jahre, als ich einen empfindsamen Roman
mit einem Hamburger Kaufmannssohn, einem sehr hübschen, guten und unter-
richteten jungen Menschen hatte.
Einst schickte er mir den Trost der unglücklich Liebenden,
den göttlichen Werther; nachdem ich ihn verschlungen, schickte ich ihn mit 1000
unterstrichenen Stellen und einem sehr glühenden Billet zurück.
Diese Depesche war von meinem theuren Vater aufgefangen, ich bekam Stubenar-
rest und Mendelssohn, der mein Mentor war, erschien und machte mir bittere
Vorwürfe, ob ich Gott und Religion vergessen könnte, und was der Alfanserei
mehr war, nahm den W., das unschuldige Corpus Delicti,
und warf ihn (nachdem er mir über jede angestrichene Stelle
wacker den Text gelesen) aus dem Fenster."[11]

6.3 Lessing über Werther

Sowohl Goethe als auch Gotthold Ephraim Lessing wirkten an deutschen Fürsten-
höfen. Trotz eines Altersunterschiedes von ungefähr zwanzig Jahren, gingen sie
fast zehn Jahre parallel ihrer dichterischen Tätigkeiten nach. Sie haben sich weder
getroffen, noch irgendwann einmal miteinander korrespondiert. Der Streit zwischen ihnen wird stellvertretend als Konflikt zweier Literaten-Generation gehan-
delt, „der sowohl durch Lessings deutliche Absage an den zeitgenössischen Genie-
kult wie auch durch Goethes kritische Distanz gegenüber einigen bereits etablier-
ten Autoren genährt wurde."[12]

Lessing in einem Brief an Johann Joachim Eschenburg vom 28. Oktober 1774:
„[...] Wenn aber ein so warmes Produkt nicht mehr Unheil als Gutes stiften soll:
meinen sie nicht, daß es noch eine kleine kalte Schlußrede haben müsste? Ein
paar Winke hinterher, wie Werther zu so einem abenteuerlichen Charakter ge-
kommen; wie ein andrer Jüngling, dem die Natur eine ähnliche Anlage gegeben,
sich dafür zu bewahren habe. Denn ein solcher dürfte [...] glauben, daß der gut
gewesen sein müsse, der unsere Teilnehmung so stark beschäftiget. [...] Also, lie-
ber Göthe, noch ein Kapitelchen am Schlusse; und je zynischer je besser! [...]"[13]

---

[11] Auszug aus einem Brief von Sara Grotthuss an J. W. von Goethe, März 1797. → WWW-
Link: ursulahomann.de
[12] Barner. Im Rahmen der *Kleinen Schriften der Aufklärung.*
[13] Lessing, G. E. *Briefwechsel mit Karl Wilhelm Ramler, Johann Joachim Eschenburg und
Friedrich Nicolai(...),* 1794.

6.4 Wieland über Werther

Christoph Martin Wieland war, zusammen mit Lessing, Kant und Lichtenberg, einer der wichtigsten Literaten der deutschen Aufklärung. Wieland veröffentlichte im ersten Band des Teutschen Merkur (Januar-März 1773) die „Briefe an einen Freund", in denen er die das Heroische gegen die Empfindsamkeit und Tugendhaftigkeit der idealen Helden in der Tragödie „Alkestis" und die Fehler herausstellte. Goethe fühlte sich dadurch angegriffen. So schrieb er die Farce „Götter, Helden und Wieland", die im Merkur gedruckt wurde. Wieland zeigte den Merkur an, lobte aber Goethes Farce als „Meisterstück von Persiflage"[14]. Daraufhin schrieb Goethe einen Versöhnungsbrief an Wieland, später in Weimar näherte man sich weiter an.

Wieland schrieb über den „Werther":

> *„[...]Hier aber ist es nicht um kalte moralische Diskussionen,*
> *sondern darum zu tun, die Wahrscheinlichkeit zu zeigen,*
> *wie ein vernünftiger und sonst schätzbarer Mann bis zu einem solchen Schritte*
> *gebracht werden kann. [...]*
> *Hier aber in einer langen Reihe von Briefen*
> *können wir den Charakter desselben*
> *nach allen seinen kleinen Bestimmungen so durchschauen,*
> *dass wir ihn selbst an den Rand des Abgrunds begleiten. [...]*
> *Einen einzelnen Selbstmörder rechtfertigen und auch nicht rechtfertigen,*
> *sondern nur zum Gegenstande des Mitleids machen,*
> *in seinem Beispiele zu zeigen, dass ein allzuweiches Herz*
> *und eine feurige Phantasie oft sehr verderbliche Gaben sind,*
> *heißt keine Apologie des Selbstmords schreiben."[15]*

7 Reaktionen der kirchlichen Repräsentanten

Bei dem Begräbnis von Werther war kein Geistlicher anwesend, denn Selbstmord galt und gilt heute noch als Frevel. Goethe nennt das Ende Werthers eine Krankheit und wollte vor allem die jungen Menschen zu Toleranz aufrufen. Jedoch kann er die negative Wirkung nicht leugnen, denn am 16. Januar 1778 hält er in Weimar

---

[14] Wieland. Teutscher Merkur, Juni-Ausgabe 1774. Seite 351-352.
[15] Wieland. *Die Leiden des jungen Werthers, zwey Theile,* 1774.

Totenwache für das Hoffräulein Christel Laßberg, die sich, mit einer Ausgabe des „Werthers" in der Tasche, in der Nähe von Goethes Gartenhaus ertränkt hat.

Bereits am 30. Januar 1775 verkündet der Dekan der theologischen Fakultät zu Leipzig an die Churfürstlich Sächsische Bücherzensurbehörde:

> *„[...] Es wird hier ein Buch verkauft welches den Titel führt,*
> *Leiden des jungen Werthers [...]*
> *Diese Schrift ist eine Apologie und Empfehlung des Selbst Mordes [...]*
> *Da die Schrift also üble Impressiones machen kann,*
> *welche, zumal bey schwachen Leuten, Weibs-Personen*
> *bey Gelegenheit aufwachen, und ihnen verführerisch werden können;*
> *so hat die theologische Facultät für nöthig gefunden zu sorgen,*
> *daß diese Schrift unterdrückt werde."* [16]

Einige Städte folgten dem Leipziger Beispiel und hofften so, die Nachahmungstaten zu verhindern. Der Verkauf des Buches wurde mit zehn Talern Strafe belegt und das Kleiden nach der Werther-Mode wurde verboten. Erst 1825 wurden die Verbote in Leipzig wieder aufgehoben.

7.1 Streitschriften und polemische Äußerungen

7.1.1 Johann Melchior Goeze

Johann Melchior Goeze war Hauptpastor an St. Katharinen in Hamburg und zwischen 1760 und 1770 auch Senior des Geistlichen Ministeriums. Er war bekannt als offensiver Kritiker und Bekämpfer der Aufklärung und verfasste mehrere Streitschriften, die die lutherische Orthodoxie vertraten. So kam es auch zum Streit mit Lessing, der der Meinung war, die menschliche Vernunft würde sich auch ohne die Hilfe einer göttlichen Offenbarung entwickeln. Goeze sah in „Werther" eine Verherrlichung des Selbstmords. Die Kirche äußerte die Befürchtung, dass er einen Selbstmord als eine heroische Tat vermitteln könnte.

„Wer hätte von uns vor zwanzig Jahren denken können, dass wir Zeiten erleben würden, in welchen mitten in der evangelisch-lutherischen Kirche Apologien für

---

[16] Meyerhoff, Joachim. Die Leiden des jungen Werther. Pressetext, 2007. → WWW-Link: tpthueringen.de/frontend/index.php?page_id=44&v=repertoire_detail&pi=28

den Selbstmord erscheinen, und in öffentlichen Zeitungen angepriesen werden
dürften?"[17]

„[...] [Ein] Roman, welcher keinen anderen Zweck hat, als das schändliche von
dem Selbstmorde eines jungen Witzlings [...] abzuwischen,
und diese schwarze Tat als eine Handlung des Heroismus vorzuspiegeln [...].
Welcher Jüngling kann eine solche verfluchungswürdige Schrift lesen, ohne ein
Pestgeschwür davon in seiner Seele zurück zu behalten,
welches gewiss zu seiner Zeit aufbrechen wird.
Und keine Censur hindert den Druck solcher Lockspeisen des Satans? [...]
Ewiger Gott! Was für Zeiten hast du uns erleben lassen!"[18]

---

[17] Homann, Ursula. *Italienreise und Begegnung mit dem Katholizismus.* → WWW-Link:
http://www.ursulahomann.de/GoetheUndDieReligion/kap010.html
[18] Goeze. *Kurze aber nothwendige Erinnerungen* (zitiert nach: Scherpe. *Werther und Wertherwirkung*, 1970. Seite 178.

ANHANG:

V Literatur- und Quellenangaben

1. Von Goethe, Johann Wolfgang. *Die Leiden des jungen Werthers.* In: Wiethölter, Waltraud (Hg.). *J.W. Goethe: Sämtliche Werke,* Bd. 8. Frankfurt/Main: Deutscher Klassiker Verlag, 1994.

2. Von Goethe, Johann Wolfgang. *Dichtung und Wahrheit,* Dritter Teil, 13. Buch, Hamburger Ausgabe. München: dtv, 1982.

3. Von Goethe, Johann Wolfgang. *Das Tagebuch (1810). Vier unterdrückte Römische Elegien. Nicolai auf Werthers Grab.* In: Mendheim, Max (Hg.). Leipzig: Weigel, 1904.

4. Lessing, G. E. *Briefwechsel mit Karl Wilhelm Ramler, Johann Joachim Eschenburg und Friedrich Nicolai. Nebst Anm. über Lessings Briefwechsel mit Moses Mendelssohn.* Berlin und Stettin: Friedrich Nicolai, 1794.

5. Wieland, Christoph Martin. *Die Leiden des jungen Werthers, zwey Theile.* Leipzig: Weygand, 1774.

6. Wieland, Christoph Martin. *Teutscher Merkur.* Weimar: Selbstverlag, Juni-Ausgabe 1774.

7. Andree, Martin: *Wenn Texte töten. Über Werther, Medienwirkung und Mediengewalt.* München: Fink, 2006.

8. Barner, Wilfried. *Goethe und Lessing: Eine schwierige Konstellation.* Göttingen: Wallstein Verlag, 2001.

9. Flaschka, Horst. *Goethes Werther. Werkkontextuelle Deskription und Analyse.* München: Wilhelm Fink Verlag, 1987.

10. Goeze, Johann Melchior. *Kurze aber nothwendige Erinnerungen* (zitiert nach: Scherpe, Klaus. *Werther und Wertherwirkung: Zum Syndrom bürgerlicher Gesellschaftsordnung im 18. Jahrhundert.* Bad Homburg v.d.H.: Gehlen, 1970.)

11. Gross, Michael. *Ästhetik und Öffentlichkeit: Die Publizistik der Weimarer Klassik.* Germanische Texte und Studien, Band 45. Hildesheim: Georg Olms Verlag, 1994.

12. Rothmann, Kurt (Hg.). *Johann Wolfgang Goethe, Die Leiden des jungen Werthers: Erläuterungen und Dokumente.* Stuttgart: Reclam UB Nr. 8113, 1984.

13. Schmidt, Jochen. *Die Geschichte des Geniegedankens in der deutschen Literatur: Philosophie und Politik von der Aufklärung bis zum Idealismus,* Band 1: 1750 – 1945. Darmstadt: Universitätsverlag Winter, 1985.

14. Zrk (Autorenkürzel). *Johann Wolfgang von Goethe: Die Leiden des jungen Werthers*. Geesthacht: Wochenend-Anzeiger, Kurt Viebranz-Verlag, 1. Februar 2008.

15. von Goethe, Johann Wolfgang. Brief an Carl Friedrich Zelter, 1815.
    → WWW-Link: ceryx.de/literatur/goethe_werther.htm (Stand: 2008-06-12)

16. Auszug aus einem *Brief von Sara Grotthuss* an J. W. von Goethe, März 1797.
    → WWW-Link: ursulahomann.de/GoetheUndDasJudentum/kap004.html (Stand: 2008-06-12)

17. Meyerhoff, Joachim. *Die Leiden des jungen Werther: Monodram nach Johann Wolfgang von Goethe*. Pressetext des Landestheaters Altenburg, 2007.
    → WWW-Link: tpthuerin-gen.de/frontend/index.php?page_id=44&v=reper-toire_detail&pi=28 (Stand: 2008-06-14)

18. Homann, Ursula. *Italienreise und Begegnung mit dem Katholizismus*.
    → WWW-Link: ursulahomann.de/GoetheUndDieReligion/kap010.html (Stand: 2008-06-14)

19. Steinmann, Cornelia. *Die Leiden des jungen Werther - Johann Wolfgang von Goethe*.
    → WWW-Link: corne-lia.siteware.ch/literatur/litzusammenfassungen/Wer-ther.html (Stand: 2008-06-11)

20. Lottmann, Marie. *Brief/Text: Der gefälschte Brief als Form der Selbstbe-züglichkeit in Hugo von Hofmannsthals „Ein Brief"*. Berlin, 2001.
    → WWW-Link: complit.fu-berlin.de/veranstaltungen/seminararbeiten/pdf/fael-schung_mlottmann.pdf (Stand: 2008-06-12)

VI Gedicht:

„Nicolai auf Werthers Grabe –
Freuden des jungen Werthers"

Ein junger Mensch, ich weiß nicht wie,
Starb einst an der Hypochondrie
Und ward denn auch begraben.
Da kam ein schöner Geist herbei,
Der hatte seinen Stuhlgang frei,
Wie's denn so Leute haben.
Der setzt' notdürftig sich aufs Grab
Und legte da sein Häuflein ab,
Beschaute freundlich seinen Dreck,
Ging wohl eratmet wieder weg
Und sprach zu sich bedächtiglich:
„Der gute Mensch, wie hat er sich verdorben!
Hätt er geschissen so wie ich,
Er wäre nicht gestorben![19]

---

[19] Goethe. *Das Tagebuch (1810)*.